CATALOGUE

D'ESTAMPES

ANCIENNES

DES ÉCOLES FRANÇAISE, ALLEMANDE

ET HOLLANDAISE

DONT LA VENTE AUX ENCHÈRES PUBLIQUES AURA LIEU

HOTEL DES COMMISSAIRES-PRISEURS, RUE DROUOT, 9

SALLE N° 4

Le Samedi 31 Janvier 1891

à deux heures très précises.

Me MAURICE DELESTRE	**Me JULES BOUILLON**
Commissaire-Priseur	M^d d'Estampes
27, RUE DROUOT, 27	3, RUE DES SAINTS-PÈRES, 3

CATALOGUE

D'ESTAMPES

ANCIENNES

DES ÉCOLES FRANÇAISE, ALLEMANDE

ET HOLLANDAISE

DONT LA VENTE AUX ENCHÈRES PUBLIQUES AURA LIEU

HOTEL DES COMMISSAIRES-PRISEURS, RUE DROUOT, 9

SALLE N° 4

Le Samedi 31 Janvier 1891

à deux heures très précises.

Par le ministère de **M° MAURICE DELESTRE**, commissaire-priseur,
rue Drouot, 27

Assisté de **M° JULES BOUILLON**, marchand d'estampes de la Bibliothèque
nationale, rue des Saints-Pères, 3.

PARIS, 1891

CONDITIONS DE LA VENTE

La vente se fera au comptant.

Les acquéreurs payeront *cinq pour cent* en sus des enchères, applicables aux frais.

M. J. Bouillon, chargé de la direction de la vente, se réserve la faculté de rassembler ou de diviser les lots.

L'ordre du catalogue sera suivi.

DÉSIGNATION

ESTAMPES

ALDEGREVER

1 — Dessin de grotesques, au milieu duquel on voit un mascaron, surmonté d'un satyre (B., 273). Très belle épreuve.

2 — Dessin d'une agraffe d'orfèvrerie (B., 263). Belle épreuve.

3 — Dessin pour un bout de fourreau de sabre, 1537. (B., 264). Très belle épreuve.

ALIX (P.-M.)

4 — *Corday* (Charlotte), in-fol. en couleur.

ANONYMES

5 — Bara, — Viala, — La Nature, — La Raison, — L'Égalité, — La Liberté. Six médaillons en couleur, imprimés sur satin. Très belles épreuves.

6 — L'homme à deux faces, pièce coloriée.

BARBIÉ

7 — *Catherine II*, impératrice de Russie, in-8. Très belle épreuve, toute marge.

BARTOLI (Pietro Santo)

8 — Apollon dans un char passant devant trois sorcières. Très belle épreuve.

BARTOLOZZI (F.)

9 — *Spencer* (Georgina, Countess), d'après Gainsborough. — Princess *Amelia*, d'après Lawrence. Deux portraits in-8 et in-4. Belles épreuves.

BAUBINI (d'après)

10 — La Rencontre des merveilleuses, gravé par Mme Lefevre. Très belle épreuve.

BAUDOUIN (d'après P.-A.)

11 — La Nuit, par E. De Ghendt. Très belle épreuve.

BEGA (C.)

12 — La mère au cabaret (B., 54). Très belle épreuve.

BEHAM (B.)

13 — Judith, 1523 (B., 2). Très belle épreuve.

14 — Judith (B., 4). Très belle épreuve.

15 — Saint-Christophe, 1520 (B., 10). Très belle épreuve.

16 — Combat d'hommes nus (B., 17). Superbe épreuve.

17 — L'Amour en postillon, 1520. (B., 32). Bonne épreuve.

18 — Le Hallebardier à cheval (B., 49). Très belle épreuve.

19 — Les trois enfants debout en triangle (B., 54). Très belle épreuve.

BEHAM (H.-S.)

20 — Deux pièces de la parabole de l'enfant prodigue (B., 33 et 34). Très belles épreuves.

21 — Saint-Sébalde, 1521 (B., 65). Belle épreuve.

22 — L'Enlèvement d'Hélène (B., 70). — Le Triomphe (B., 143). Deux pièces. Très belles épreuves.

23 — Trayan (B., 82). Très belle épreuve.

24 — Le Jugement de Pâris, 1546 (B., 89). Très belle épreuve.

BEHAM (H.-S.)

25 — La Patience, 1540 (B., 138). Très belle épreuve.

26 — La Fortune contraire (B., 141). Très belle épreuve.

27 — La Mélancolie, 1539 (B., 144). Très belle épreuve.

28 — La jeune femme accompagnée d'un bouffon, 1541 (B., 149). Bonne épreuve.

29 — Les deux impudiques et la Mort, 1529 (B., 152). Bonne épreuve.

30 — Le Porte-enseigne et le Tambour, 1544 (B., 199). Très belle épreuve.

31 — Le Soldat, 1520 (B., 203). Belle épreuve.

32 — Le Bouffon et les deux couples d'amoureux (B., 212). Très belle épreuve.

33 — La Femme couchée, vue par le dos (B., 215). Très belle épreuve.

34 — L'Alphabet romain, 1545 (B., 229). Très belle épreuve.

35 — Dessins de chapiteaux de colonnes (B., 247 et 248). Très belles épreuves.

36 — Les Armoiries de Sebald Beham (B., 254). — Armoiries d'imagination, 1544 (B., 255). Deux pièces. Très belles épreuves.

37 — La Vierge assise sous un arbre, ayant l'Enfant Jésus sur ses genoux (B., 123). — Jeune homme assis à terre, près d'une treille, à côté d'une jeune femme qu'il embrasse (B., 161). Gravures sur bois. Belles épreuves.

BINET (d'après)

38 — Foyer du Théâtre-Montansier, gravé par Bovinet. Très belle épreuve.

BOL (F.)

39 — Philosophe dans sa chambre (B., 146. — Cl. 15). Très belle épreuve. Rare.

BOLSWERT (S.-A.)

40 — Marche de Silène, d'après Rubens. Belle épreuve.

BOSSE (ABR.)

41 — Les Cinq Sens. Suite de cinq pièces (G. D., 1071-1075).
Superbes épreuves avec l'adresse de Melchior-Tavernier.

42 — Les Éléments. Suite de quatre pièces (G. D., 1090-1093).
Très belles épreuves avec marges.

43 — L'Infirmerie de l'hôpital de la Charité de Paris (G. D.,
1266). Très belle épreuve, marge. *Der.*

44 — La Saignée (1391). — Deux pièces du Mariage à la cam-
pagne (1381-1382). Trois pièces. Très belles épreuves.

BOUCHER (F.)

45 — Les Petits buveurs de lait (P. de B., 4). — Le Petit Sa-
voyard (5). — Enfant faisant des bulles de savon, gravé
par Mme de Pompadour. Trois pièces. Très belles
épreuves.

BOYVIN (RENÉ)

46 — Espèce de vaisseau, ou Nef (R. D., 17). Très belle
épreuve.

BROSAMER (H.)

47 — Dalila et Samson, 1545 (R., 1). Très belle épreuve.

BRUYN (ABRAHAM DE)

48 — Bethsabée au bain. — Suzanne surprise par les vieillards. Deux pièces. Très belles épreuves. *Der*

BRY (les DE)

49 — Sujets bibliques. Trois pièces.

50 — L'Age d'or, d'après Blœmart. Belle épreuve.

51 — Frises formées de figures d'hommes et de poissons. Deux
pièces, très belles épreuves.

52 — Manches de couteaux. Deux pièces, belles épreuves.

CALLOT (J.)

53 — Les Grandes misères de la guerre. Suite de dix-huit pièces (M., 564-581). Très belles épreuves du deuxième état, avant que les mots Israël excudit aient été effacés. En 1 vol. in-4, obl.; demi-rel. mar. rouge.

CARRACHE (AN.)

54 — Le Christ de Caprorole (B., 4). Très belle épreuve.

CARRACHE (AUG.)

55 — L'Amour réciproque (B., 119). Très belle épreuve.

COCK (JÉRÔME)

56 — Le Festin de Priape, d'après un maître de l'École de Fontainebleau. Très belle épreuve.

COLLAERT ((HANS)

57 — Pendeloques. Sept pièces, dont six d'une même suite, très belles épreuves.

58 — Le berger Pâris, assis près d'un arbre, médaillon rond dans un entourage ornementé. Très belle épreuve.

DE LAUNAY (N.)

59 — *Piron* (Alexis). — *Deshoulières* (Mme). — *Fontenelle* (B, de). Trois portraits in-18, belles épreuves.

DELAUNE (ETIENNE)

60 — Henri II, roi de France (R. D., 311). Très belle épreuve. Rare.

61 — Sujets emblématiques à la gloire de Henri II. — Combat de cavaliers et de fantassins. — Figures allégoriques et ornements. Dix pièces.

DELVAUX

62 — *Sévigné* (Marie de Rabutin-Chantal, marquise de), in-12. Belle épreuve.

DIVERS

63 — *Orléans* (Louis-Philippe-Joseph, duc d'). Caricature sur Lafayette, etc. Trois pièces.

64 — Portraits par Montcornet, Roger N. Edelinck, et Houbraken. Quatre pièces.

65 — Portraits, Sujets et Paysages, par Nothnagel, Bartolozzi, Halbou, Cl. Lorrain et d'après Rembrandt. Sept pièces.

66 — Ornements, par de Vries, Floris et Bruyn. Quatre pièces, très belles épreuves.

DUCERCEAU (J.-A.)

67 — Dessin d'un reliquaire, gravé au trait et lavé d'encre de Chine. Très rare. Δ.

68 — Candelabre à trois pieds, gravé au trait et lavé d'encre de Chine. Très rare. Δ.

DURER (Albert)

69 — La Vierge assise au pied d'une muraille (B., 40). Très belle épreuve.

70 — La Vierge à la poire (B., 41). Très belle épreuve.

71 — Apollon et Diane (B., 68). Très belle épreuve.

72 — La Famille du satyre (B., 69). Très belle épreuve.

73 — Le Ravissement d'une jeune femme (B., 72). Très belle épreuve avant les taches de rouille.

74 — Le Groupe des quatre femmes nues (B., 75). Très belle épreuve.

75 — L'Oisiveté (B., 76). Très belle épreuve.

76 — La Petite fortune (B., 78). Très belle épreuve.

77 — L'Enseigne (B., 87). Très belle épreuve.

78 — Le Violent (B., 92). Belle épreuve.

DURER (Albert)

13- 79 — Le Canon (B., 99). eau-forte sur fer. Très belle épreuve.

2- 80 — La Descente aux limbes. — Le Mariage de la Vierge.
(B., 41 et 82). Pièces gravées sur bois. Belles épreuves.

DURER (d'après A.)

3- 81 — La Fuite en Égypte. Petite pièce de forme ronde, d'après
la même composition, gravée sur bois de la suite de la Vie
de la Vierge.

DUSART (C.)

4- 82 — Le Cordonnier renommé (D., 14). Très belle épreuve.

83 — Représentation satyrique (Dutuit, t. IV, p. 148, d.). —
Seconde représentation satyrique (E.). Deux pièces gravées à la manière noire. Très belles épreuves.

ÉCOLE FRANÇAISE, XVIIIᵉ SIÈCLE

16- 84 — Dessins et gravures pour modèles d'éventails. Quatre
pièces.

ELSHEIMER (Adam)

3- 85 — Satyres et Nymphes dans un bois. Rare. Plus la même
composition, gravée en contre-partie par Hollar. Deux
pièces.

FICQUET (Etienne)

86 — Chenevières (Fr. de), écrivain (F., 31). Très belle épreuve
avec la faute au mot sincère.

87 — Corneille (Pierre), d'après Ch. Le Brun (34). *Fagon.*
Deux portraits. Belles épreuves.

88 — Crebillon (Prosper Jolyot de), d'après Aved (F., 37). Très
belle épreuve avant les noms des artistes.

89 — Descartes (René), d'après Fr. Hals (39). Très belle
épreuve.

FICQUET (Etienne)

90. — *La Mothe Le Vayer* (Fr. de), d'après Nanteuil (F., 84).
Très belle épreuve avant les noms des artistes.

91 — *Regnard* (J.), d'après Rigaud (122), Belle épreuve.

FRAGONARD (d'après H.)

92 — A femme avare, galant escroc. — Le Calendrier des
vieillards. Deux pièces pour les contes de La Fontaine. Très
rares, épreuves avant toutes lettres, non entièrement ter-
minées, marges.

93 — Pâté d'anguille. — On ne s'avise jamais de tout. — La
Coupe enchantée. Trois pièces, belles épreuves.

GAMELIN

94 — Officier à cheval passant une revue, 1778. Belle
épreuve.

GAUCHER (C.)

95 — *Leczinska* (Marie), d'après Nattier. Très belle épreuve.

96 — *Marot* (Clément). — *Sainte-Marthe* (Scevole de). — *Sa-*
luste du Bartas (Guil.). — *Desportes*. Quatre portraits
in-8, dont un avant la lettre, belles épreuves.

GAULTIER (L.)

97 — *Henri IV*, à cheval. Belle épreuve avant le texte au
verso.

GELLÉE (Cl.), dit CLAUDE LE LORRAIN

98 — La Danse sous les arbres (R. D., 10). Très belle
épreuve.

99 — Le Soleil couchant (R. D., 15). Belle épreuve.

100 — Le Troupeau en marche par un temps orageux (R. D.
18). Très belle épreuve du premier état.

101 — L'Enlèvement d'Europe (R. D., 22) Très belle épreuve,
avant que le trait carré ait été parfaitement exprimé, en
haut, à droite, marge.

GHISI (G.)

102 — Vénus embrassant Adonis au retour de la chasse. (B., 45) Belle épreuve.

GOLTZIUS (H.)

103 — La Vierge pleurant sur le corps de Jésus-Christ. (B., 41) Très belle épreuve.

104 — Decker (Catherine). (B., 210) Très belle épreuve.

GOYA (F.)

105 — Un nain de Philippe IV. — Esope. — Menipo. Trois pièces d'après Velasquez. Très belles épreuves.

GRATELOUP (J.-B. DE)

106 — Bossuet (Jacques Bénigne), d'après Rigaud (F., 1) Très belle épreuve.

107 — *Dryden* (John), d'après G. Kneller (f., 4). Très belle épreuve sur chine.

108 — *Lecouvreur* (Adrienne), d'après Coypel (F., 6). Très belle épreuve du premier état, avant toutes lettres.

109 — *Montesquieu* (Ch. de), d'après Dassier (F., 7). Très belle épreuve.

110 — *Rousseau* (J. B), d'après Avéd (F., 9). Très belle épreuve sur chine.

HOLLAR ET WORLIDGE

111 — L'Été, — Portrait d'homme. — Jeune femme assise sur une chaise. Trois pièces. Très belles épreuves.

HONDIUS

112 — *Binck* (Jacques). In-8. Très belle épreuve.

HUET (d'après C.)

113 — La Fidélité. — La Constance. Portraits d'Inès et de Mimi, chiens de Mme de Pompadour. Deux pièces gravées par Fessard et Saint-Aubin. Très belles épreuves.

JACQUARD (ANT.)

114 — Pommeaux et manches d'épée. — Dessus de boîte, etc. Sept pièces.

JANSSEN (H.)

115 — Manches de couteaux. Trois pièces. Très belles épreuves.

KRUG (L.)

116 — La Nativité (B., 1). Belle épreuve.

LADENSPELDER D'ESSEN (JEAN)

117 — Saint Luc assis (B., 7). Très belle épreuve.

LANCRET (d'après N.)

118 — A femme avare galant escroc, par de Larmessin. Très belle épreuve avant l'adresse de Buldet, marge.

119 — Pâté d'Anguille, par de Larmessin. Très belle épreuve, marge.

LE BEAU

120 — *Leczinska* (Marie) Reine de France. In-8. Très belle épreuve, marge.

LEYDE (L. DE)

121 — Les deux vieillards apercevant Suzanne dans le bain (B., 33). Bonne épreuve.

122 — Saint Jérôme (B., 113). Très belle épreuve.

123 — Sainte Madeleine debout sur des nuages (B., 124). Belle épreuve.

124 — Le fou (B., 150). Bonne épreuve.

125 — Une composition d'ornements (B., 162). Très belle épreuve.

126 — Deux rinceaux d'ornements (B., 169) Bonne épreuve.

127 — Un écusson rempli par un mascaron (B., 167). Belle épreuve.

LEYDE (L. DE)

128 — Portrait d'un jeune homme. (B., 174). Très belle épreuve.

LITTRET

129 — *Pompadour* (la marquise de) In-4. Très belle épreuve remargée.

LIVENS (J.)

130 — Buste d'homme (B., 29). Très belle épreuve.

MAITRE AU DÉ

131 — Vénus blessée par les épines d'un rosier, d'après Raphaël (B., 16). Belle épreuve.

132 — Sacrifice de Priape (B., 27). Très belle épreuve.

MAITRE (I.-B.)

133 — Combat de gladiateurs à cheval et à pied (B., 22). Très belle épreuve.

134 — Combat de deux tritons (B., 20). — La vignette au satyre au milieu de deux dauphins (B., 46). Deux pièces. Bonnes épreuves.

135 — La Gaîne au guerrier 1528. (B., 50). Très belle épreuve.

MAITRE AU MONOGRAMME V. G.

136 — Une des vierges folles à mi-corps, d'après Schongauer (B. VI, p. 390). Très belle épreuve.

MAITRE AU MONOGRAMME A. S. G.

137 — Venus. 1568 (B. t. IX. p. 525, n° 1). Très belle épreuve.

138 — Soldat allemand 1567. (B., 3). Très belle épreuve.

MAITRE AU MONOGRAMME A. S.

139 — La Fortune 1540. (B. t. IX. p. 50, n° 1). Très belle épreuve.

MALLET (d'après)

140 — Julie, ou le premier baiser de l'amour, gravé par Copia, en couleur. Très belle épreuve.

MANTEGNA (A.)

141 — Les Eléphants portant des torches (B., 12).

MARCENAY DE GHUY (Antoine de)

142 — *Sully* (le duc de), d'après Porbus. In-8. Très belle épreuve avant la lettre.

143 — La Fleuriste, d'après Gérard Dow. Très belle épreuve avant toutes lettres, marge.

144 — Rembrandt et sa femme. — Portrait de femme avec collier de perles. — Le vieillard atrabilaire. Trois pièces. Très belles épreuves avant la lettre.

MATSIS (Corneille)

145 — Bethsabée au bain (B. 7). Belle épreuve.

MELLAN (Cl.)

146 — Allégorie en l'honneur du collège romain fondé par la famille Borghèse, d'après P. Berretini de Cortone. — Loth entre ses deux filles. Deux pièces. Très belles épreuves.

MENARD et DESENNE (A Paris, chez)

147 — *Beaumarchais.* In-8. Belle épreuve avant la lettre.

MOREAU (d'après J.-M.)

148 — Suite de huit vignettes in-12 et un portrait, pour Psyché et Adonis. Très belles épreuves toutes marges.

MOITTE (d'après)

149 — Le Jaloux endormi par Vidal. Très belle épreuve.

MOREAU (d'après J.-M.)

150 — *Guillotin* (J. J.), gravé par B. L. Prevost. In-8. Très belle épreuve.

MORGHEN (R.)

151 — Domenico Volpato Morghen, d'après A. Kauffman.
In-8.

OSTADE (Adrien van)

152 — Le Vielleur (B., 8). — L'Homme appuyé sur le bas de
sa porte (9). — Gueux au dos courbé (B., 20). — Les
Harangueurs (B. 19). Quatre pièces. Très belles épreuves.

153 — Gueux enveloppé d'un manteau (B., 22). — Le Char-
latan (B., 43). Quatre pièces dont une double. — Les
Musiciens ambulants (B 38). Très belles épreuves.

PAULLIS (And. de)

154 — Le Reniement de Saint Pierre, d'après Gerard Seghers.
Belle épreuve.

PORPORATI

155 — Le Coucher, d'après Vanloo. Très belle épreuve
avant toutes lettres.

PRUD'HON (d'après P.-P,)

156 — Choisir l'objet. — L'Enflammeur. Deux pièces gravées
par Copia. Très belles épreuves avant la lettre.

157 — La Justice et la Vengeance divine poursuivant le
Crime. — L'Innocence entre le Vice et la Vertu. Deux
pièces gravées par Roger. Belles épreuves.

QUENEDEY

158 — *Bailly*, maire de Paris, — le même personnage de la
collection Dejabin. Deux pièces.

RAIMONDI (Marc-Antoine)

159 — La Bacchanale (B., 248). Très belle épreuve.

160 — Répétition de la pièce précédente (B., 249). Très belle
épreuve.

161 — La Cassolette (B., 489). Belle épreuve.

REMBRANDT (P. Van Ryn)

162 — Rembrandt à bonnet et robe fourrés (B. et cl., 14). Très belle épreuve.

163 — Rembrandt et sa femme (B. et cl., 19). Belle épreuve.

164 — Rembrandt en ovale (B. et cl., 23). Très belle épreuve avec marge.

165 — Agar renvoyée par Abraham (B., 30. — Cl., 37). Belle épreuve.

166 — Joseph racontant ses songes à sa famille (B., 37. — Cl., 41). Très belle épreuve.

167 — L'Annonciation aux bergers (B., 44. — Cl., 48). Très belle épreuve.

168 — Jésus-Christ chassant les Vendeurs du Temple (B., 69. — Cl., 73). Très belle épreuve.

169 — Le Martyr de Saint Etienne (B., 97. — Cl., 100). Très belle épreuve).

170 — Le Vendeur de mort aux rats (B., 121. — Cl., 123). Très belle épreuve.

171 — La Faiseuse de Koucks (B., 124. — Cl., 126). Très belle épreuve.

172 — Synagogue des Juifs (B., 126. — Cl., 128). Belle épreuve.

173 — La Coupeuse d'ongles (B., 127. — Cl. suppl., 3). Très belle épreuve.

174 — Le Paysan avec sa femme et son enfant (B., 131. — Cl. 132). Très belle épreuve.

175 — Deux Mendiants, homme et femme à côté d'une butte (B., 165. — Cl., 162). Très belle épreuve.

176 — Venus au bain (B., 201. — Cl., 198). Très belle épreuve.

177 — Femme nue dormant (B., 204. — Cl., 201). Belle épreuve.

REMBRANDT (P. Van Ryn)

178 — Paysage aux trois arbres (B., 212. — Cl., 209). Très belle épreuve de la copie trompeuse.

179 — La Chaumière au grand arbre (B., 226. — Cl., 223). Très belle épreuve.

180 — Vieillard portant la main à son bonnet (B., 259. — Cl., 256). Très belle épreuve.

181 — *Jonghe* (Clément de). (B., 272. — Cl., 269). Belle épreuve.

SADELER ET SAENREDAM

182 — Satyr caressant Vénus. — L'Amour châtié. — L'Hiver, d'après Goltzius. — François de Valois, duc d'Alençon, par Van Sichem. Quatre pièces. Belles épreuves.

SAENREDAM (J.)

183 — Les cinq sens de la nature, d'après H. Goltzius (B., 95-99). Suite de cinq estampes. Très belles épreuves.

SAINT-AUBIN (Aug. de)

184 — *Médicis* (Marie de), d'après Porbus (170). — *Beckford* (Guglielhimus), d'après Sauvage (15). Épreuve avant la lettre. Deux pièces.

SAVART (P.)

185 — *Bayle* (Pierre) (F., 2). Très belle épreuve.

186 — *Boileau-Despréaux*, d'après Rigaud (4). Très belle épreuve.

187 — *Bossuet* (Jacques-Bénigne), d'après Rigaud (F., 6). Belle épreuve.

188 — *Deshoulières* (Mme), d'après Mme Chéron (16), plus le même personnage gravé par Saint-Aubin. Très belles épreuves.

SCHMIDT (G.-F.)

3- 189 — Protrait de Rembrandt âgé (De Cl., 2). Très belle épreuve.

17- 190 — La mère de Rembrandt (Cl., 4). Très belle épreuve.

191 — Le Philosophe dans sa grotte, d'après Rembrandt (Cl., 7). Très belle épreuve.

192 — Guillaume II, prince d'Orange, d'après G. Flinck (Cl., 17). Très belle épreuve.

193 — Portrait d'un jeune seigneur, d'après Rembrandt (Cl., 19). Très belle épreuve.

194 — Vieillard habillé à l'orientale, d'après Rembrandt (Cl., 18), Très belle épreuve.

195 — Buste de vieillard à barbe large et touffue (Cl., 25). Très belle épreuve, marge.

4-X 196 — La tête de Mme Karsch, en ovale (Cl., 44). Très belle épreuve. Der. O.

SCHONGAUER (Martin)

32 X 197 — Jésus à la montagne des Oliviers (B., 9). Belle épreuve.

SOLIS (V.)

198 — Le Bain des Anabaptistes, d'après H. Aldegrever (B., 265). Très belle épreuve.

199 — Thodoricus, roi de France. — Un Soldat marchant vers la droite (B., 250). Ornement. Trois pièces. un

STAR (Thiéry van)

200 — Jésus-Christ et la Samaritaine, 1523 (B., 6). Très belle épreuve.

THURAINE et le HOLLANDAIS

201 — Trois pièces représentant des ateliers d'arquebuserie entourés de divers motifs, parmi lesquels ont voit les noms des principaux arquebusiers de l'époque, numérotées, 2-3 et 4.

VANLOO (d'après)

202 — Le Père Gérard et la Belle Cadière. Suite de six pièces gravées par N. de Larmenin. Très belles épreuves.

VLIÈT (J.-G. van)

203 — Le Voilier (Cl., 42). — Le Chapelier (43). — Le Mathématicien (50). Trois pièces. Très belles épreuves.

WIERIX (J.)

204 — *Becanus* (Goropius), savant belge, médecin, antiquaire (Al., 1861). Très belle épreuve.

WILLE (J.-G.)

205 — L'Observateur distrait, d'après Mieris. Très belle épreuve.

WOERIOT (P.)

206 — Noë (R. D., 2). — Lot (4). — La Pluie de Grenouilles (14). — Le Veau d'or (18). — L'Arche de Noë, non décrite. Cinq pièces, très belles épreuves.

ZUNDT (Mathias)

207 — Les Armoiries de Pfinzing (Pass., 26). Très belle épreuve.

DESSINS

BOREL

208 — La Rixe. Composition de trois figures à la plume et lavis d'encre de chine.

COYPEL

209 — Tête de jeune femme. Dessin aux trois crayons.

Imprimerie D. Dumoulin et Cie, à Paris.

fontaine   339-   honoraire 266-95
Ducoing   54 ??
Deux demeures tot   18

PARIS

IMPRIMERIE D. DUMOULIN ET Cie

5, RUE DES GRANDS-AUGUSTINS, 5

www.ingramcontent.com/pod-product-compliance
Lightning Source LLC
LaVergne TN
LVHW020507060726
842525LV00005B/1900